Rosette Poletti & Barbara Dobbs

Mandalas zum Wohlfühlen

Einfach loslassen

TRINITY
KREATIV

Über die Autorinnen

Rosette Poletti und **Barbara Dobbs** haben sich beide auf die Vermittlung von Gesundheitswissen und Themen der Lebensführung spezialisiert. Gemeinsam sind sie Autorinnen einer Reihe erfolgreicher Bücher, u.a. zu den Bereichen Resilienz, Dankbarkeit und Abschiednehmen.

Die französischsprachige Originalausgabe ist 2014 unter dem Titel *Mandalas bien-être - Lâcher-prise* bei Éditions Jouvence erschienen.

S.A. Chemin du Guillon 20, Case 184,
CH-1233 Bernex
www.editions-jouvence.com
info@editions-jouvence.com

Trinity Kreativ Verlag in der Scorpio Verlag GmbH & Co. KG, München
Gestaltung Mandalas: Christelle Gossart
Umschlaggestaltung: Veronika Preisler, München
Satz: Kerstin Duben, München
Übersetzung: Elisabeth Liebl, München
Druck und Bindung: Print Consult GmbH, München
ISBN 978-3-95550-149-5
www.trintiy-kreativ.de

Mandalas zum Wohlfühlen

Das Wort »Mandala« kommt aus dem Sanskrit und bedeutet so viel wie »Kreis, Mitte, Einheit, Ganzheit«. Mandalas sind bildhafte, kreisförmige Figuren aus verschiedenen Elementen, die sich kontinuierlich wiederholen und ein harmonisches Ganzes bilden, das jedes Mal anders aussieht und wirkt - wie ein Kaleidoskop. Jedes Mandala ist einzigartig, wie auch wir einzigartig sind mit all unseren Gefühlen und Wesenszügen.

In der buddhistischen Tradition ist das Mandala ein visuelles Hilfsmittel, um sich auf das »große Ganze«, das uns umgibt und mit dem wir verbunden sind, zu konzentrieren und darüber nachzusinnen. Bei der Betrachtung eines Mandalas machen wir uns innerlich leer, wir lassen uns von dessen innerer Harmonie tragen, ohne es mit Sinn oder Bedeutung füllen zu wollen. Wir lassen uns einfach hineinsinken, ohne den Symbolgehalt der Formen und Farben verstehen zu müssen.

Beim Betrachten eines Mandalas können wir aber auch aktiv über ein bestimmtes Thema meditieren - so lange, bis es uns ganz und gar durchdringt. Dann wird die rechte Gehirnhälfte, in der unsere intuitiven Fähigkeiten verankert sind, in den Erkenntnisprozess miteingebunden.

Dieses Buch möchte Kreativität und Meditation verbinden und dabei Impulse zum Nachdenken und Wohlfühlen geben. Inspirierende, leicht verständliche Zitate laden dazu ein, während des Ausmalens der Mandalas über verschiedene Lebensthemen nachzudenken und sich diese durch regelmäßige Kontemplation selbst zu erarbeiten. Ein rationales Verständnis allein reicht dafür nicht aus: Vielmehr müssen wir unsere gewonnenen Einsichten behutsam und intuitiv in unserem Wesen und Bewusstsein verankern.

Und so geht es:

- Wähle zunächst ein Zitat aus, das dich besonders anspricht.
- Mach es dir an einem angenehmen und ruhigen Ort gemütlich und lass das Zitat auf dich wirken. Gönne dir diesen Moment der Besinnung auf dich selbst.
- Greif zu den Farben, die du bereitgelegt hast.
- Versenke dich dann in dein Wohlfühl-Mandala.
- Halte dabei das Zitat auf entspannte Art und Weise im Geist präsent und fang an zu malen.
- Lass deine Hand intuitiv arbeiten, damit dein Sinn für Schönheit und Harmonie wirken kann. So wirst du ganz von selbst ruhig und ausgeglichen.
- Du wirst den Zauber dieser uralten Methode unweigerlich spüren.
- Deine Gesten, dein ästhetisches Empfinden übermitteln dem Gehirn den Sinn der Botschaft, die sich tief in deinem Inneren einprägen wird.
- Lege immer wieder schöpferische Pausen ein, um das Ganze auf dich wirken zu lassen.

Vor langer Zeit haben weise Männer und Frauen diesen Weg beschritten - Menschen, die noch ein einfaches Leben mit beschränkten materiellen Mitteln führten. Doch warum sollte dieser Weg nicht auch uns offen stehen?

In dieser hektischen, übertechnisierten Welt führt uns die Rückkehr zu Ruhe und Einfachheit zu der Erkenntnis, dass »die Lösung« immer in uns selbst liegt und von uns abhängt, dass wir sie finden können, wenn wir ihr die Gelegenheit geben, sich zu offenbaren, dass sie sich im Alltag leben lässt, wenn wir uns ihr völlig öffnen, damit sie Teil von uns selbst werden kann.

Und jetzt lass dich von deinen Händen und deinen schöpferischen Gaben zu mehr Wohlbefinden führen!

Loslassen

Heute suchen die meisten Menschen nach Frieden und Ruhe, da die Welt, in der sie leben, immer komplexer und stressgeladener wird. Dies ist ein Grund, warum Mandalas, in denen sich alles um ein Zentrum, eine Mitte ordnet, eine so besondere Wirkung auf uns entfalten.

Du fragst dich vielleicht, warum das Ausmalen von Mandalas innere Ruhe hervorbringen kann und manchmal sogar Türen in bislang unbekannte Bereiche unseres Selbst aufstößt.

Darauf gibt es keine objektive oder wissenschaftlich gesicherte Antwort. Viele Menschen glauben, dass dabei die Aktivitäten der linken und rechten Gehirnhälfte harmonisiert werden. Dies wiederum wirkt sich positiv auf unsere Persönlichkeit aus.

Es scheint zudem, dass das stille Ausmalen der Mandalas die Innenschau anregt.

Im tibetischen Buddhismus arbeitet man schon sehr lange mit Mandalas. Sie sind das Fundament der tibetischen Kunst und werden dort als Meditationshilfe genutzt. Tibetische Mönche fertigen Mandalas aus farbigem Sand, dem Symbol für die Vergänglichkeit aller Dinge.

Das fertige Mandala wird dann dem Wind überlassen, der nach ein paar Stunden oder Tagen den Sand fortträgt. Manchmal kehrt man den Sand auch zusammen, füllt ihn in ein Gefäß und streut ihn in den nächsten Fluss, um an den ewigen Neubeginn zu erinnern.

Die Mandalas in diesem Buch sollen den Leser auf dem langen Weg des Loslassens begleiten.

Wie fange ich an?

Zunächst einmal solltest du dich auf den folgenden Seiten mit der Idee des Loslassens beschäftigen. Dann besorgst du dir Filzstifte, Farbkreiden oder Buntstifte. Nimm dir 30 bis 60 Minuten Zeit und setze dich an einen ruhigen, stillen Ort (oder lege sanfte Musik auf). Beginne dein Mandala auszumalen. Lass dich dabei ganz von dem Zitat und dessen Thema durchdringen, das jeder Zeichnung vorangestellt ist, während deine Hände arbeiten. Dabei stellt sich eine innere Harmonie ein, die schließlich ins Loslassen führt.

Über das Loslassen

»Du brauchst ja nur loszulassen, du musst dich davon einfach nur verabschieden.« Hören wir das nicht immer wieder? Doch das ist leichter gesagt als getan. Jede Veränderung setzt aber ein Loslassen voraus, ob es nun bewusst oder unbewusst geschieht.

Das Kleinkind kann seine ersten Schritte nur dann tun, wenn es das Risiko eingeht, sich von der Hand der Mutter zu lösen und sein eigenes Gleichgewicht zu finden. Das sechsjährige Kind wird nur dann lernen, in einer größeren Gemeinschaft zu leben, wenn es seine Eltern verlässt, um in die Schule zu gehen. Und am Ende muss jeder Jugendliche aus dem heimischen Nest ausfliegen, um in die Welt hinauszuziehen.

Weggehen, loslassen – das ist uns quasi angeboren, denn wir tun es unser ganzes Leben lang.

Natürlich ist nicht jeder Moment des Loslassens gleich schwer oder weitreichend: In eine andere Stadt zu ziehen mag eine Herausforderung sein, doch die eigene Wohnung, das eigene Haus aufzugeben, um ins Alters- oder Pflegeheim zu gehen, ist ein weitaus tieferer Einschnitt.

Jedes Loslassen bedeutet Abschied, Weggehen, etwas hinter sich lassen. Jeder Mensch durchlebt diese Situationen, und das nicht nur einmal. Denken wir nur an die vielen Flüchtlingsschicksale weltweit. An dieser Stelle sei exemplarisch auf die Flüchtlinge in Tibet eingegangen. Die Tibeter werden aus kaum vorstellbaren Gründen – wie dem Besitz eines Fotos vom Dalai Lama, ihrem spirituellen Oberhaupt – eingesperrt oder gefoltert. Werden sie freigelassen, bleibt ihnen nichts anderes übrig, als über den Himalaja zu fliehen, manchmal im Kugelhagel chinesischer Gewehre. Für sie und ihre Familien gibt es in Tibet keine Zukunft mehr. Diese Menschen müssen alles zurücklassen. Sie sehen ihre Heimat und ihre Familien vermutlich nie wieder und müssen sich in einem fremden Land ein neues Leben aufbauen.

Flüchtlinge erfahren die Unausweichlichkeit des Abschieds auf extreme Art und Weise. Wie sich ihr neues Leben gestalten wird, hängt nicht zuletzt davon ab, ob sie es schaffen, wirklich loszulassen. Der Abschied von Orten, Besitztümern und Lebensphasen ist schmerzhaft, doch früher oder später trifft er jeden von uns. Wir haben gar keine andere Wahl.

Dasselbe gilt für die Trauer um einen geliebten Menschen, das Ende einer Beziehung oder den Umgang mit einer schweren Krankheit, die unsere Gesundheit und unser Leben bedroht. Das Loslassen vollzieht sich meist in winzigen Schritten und entspringt einer Fähigkeit, die wir Resilienz nennen und die allen Menschen eigen ist. Ihre Bedeutung wird von zahlreichen wissenschaftlichen Studien unter Beweis gestellt.

Manche Menschen nehmen einen plötzlichen, unerwarteten Abschied wie nach Krankheiten, Todesfällen oder Naturkatastrophen zum Anlass, um zu überprüfen, was es in ihrem Leben an Überflüssigem gibt, und um sich wieder auf das »Wesentliche« zu konzentrieren. Dann wird das Loslassen zum Lebensmotto. Es wird zum Weg, den sie gehen, um alles Unnötige oder Überlebte abzulegen.

Das loszulassen, was vergangen ist, was uns verwundet, beleidigt, wehgetan hat, ist alles andere als leicht. Doch vielen Menschen gelingt es. Zu den Dingen, die wir am schwersten loslassen können, gehört die Angst vor dem Leid, die viele Menschen am Leben hindert. Hier kann das Ausmalen von Mandalas enorm hilfreich sein.

Krebs und Alzheimer sind beispielsweise solche Schreckgespenster, die viele Menschen dazu bringen, sich hinter einer Mauer der Angst zu verstecken. Die Furcht vor möglichem Leid in der Zukunft hindert sie daran, sich am gegenwärtigen Augenblick zu erfreuen.

Wir alle haben schwere Zeiten durchzustehen und haben bereits großen Schmerz erfahren. Doch je mehr man diesen akzeptiert, desto schneller findet man einen Weg, um ihm zu begegnen und nicht in sinnloses Grübeln zu verfallen. Die Angst vor Schmerz oder Leid, das uns treffen könnte, ist nichts Reales, daher haben wir auch keinen Einfluss darauf.

Der große Weise Rabbi Nachman von Bratislawa schrieb dazu: »Vergiss nicht: Du bekommst nichts auferlegt, was du nicht tragen kannst.«

Dennoch quält heute die Angst vor Krankheit Millionen von Menschen. Sie sind gesund, aber schon das kleinste Zwacken lässt sie glauben, Krebs zu haben. Und wenn ihnen der Name eines Freundes entfallen ist, halten sie sich für künftige Alzheimer-Patienten. Natürlich ist es gut, wenn wir für uns Sorge tragen und auf unsere Gesundheit achten, doch Angst und Unruhe sind schlechte Ratgeber. Vor allem aber sind sie nutzlos.

Auf der körperlichen Ebene lässt Angst unser Herz schneller schlagen und raubt uns Energie, auf der emotionalen Ebene hindert sie uns daran, Glück und Frieden zu erfahren.

Wenn wir diesen Ängsten den Boden entziehen wollen, müssen wir sie als Erstes untersuchen - prüfen, ob tatsächlich eine reale Gefahr besteht. Das bedeutet aber auch, dass wir einen Schritt zurücktreten und unsere Handlungsmöglichkeiten überprüfen müssen.

Dann können wir unsere Ängste und Spannungen loslassen, können eintauchen ins Hier und Jetzt, anstatt uns ständig Katastrophenszenarien auszumalen. Denn Loslassen heißt auch, dass wir uns selbst vertrauen lernen, unseren Mitmenschen und dem Leben.

Befällt uns neuerlich die Angst, können wir ihr einen Riegel vorschieben, indem wir uns erneut dem Ausmalen der Mandalas zuwenden. Das verankert uns in der Gegenwart, bei den Farben, die wir auswählen, und den Formen, die wir gestalten.

Falsche Glaubenssätze loslassen

Diese Form des Loslassens ist weniger spektakulär. Sie erlaubt uns, für uns das Wesentliche zu finden, indem wir uns von Illusionen und Grenzen verabschieden, die uns am Leben hindern. Falsche Glaubenssätze loszulassen heißt zunächst einmal, sich bewusst zu machen, dass wir alle durch unsere Familie, unsere Kultur und unser soziales Umfeld »programmiert« sind.

Diese Programmierungen müssen wir zunächst identifizieren.

Zum Beispiel:

- Du musst zu allen nett und freundlich sein.
- Du darfst nicht um Hilfe bitten, sondern musst allein zurechtkommen, damit du keinem zur Last fällst.
- Du darfst nicht aufgeben. Versuch es wieder und wieder.
- Versuche, perfekt zu sein. Kümmere dich um jedes Detail. Halte dich an deine Prinzipien. Und sei vor allem nie zufrieden mit dem, was du geleistet hast, denn du kannst es noch besser.
- Nimm die Menschen nicht, wie sie sind. Versuche, sie zu ändern, sodass sie deinen Vorstellungen entsprechen. Zwing sie, dich zu lieben!

Wie viele Menschen werden heute durch solche und ähnliche Glaubenssätze in Schmerz und Kummer getrieben?

Glücklicherweise kommt aber für jeden irgendwann der Tag, an dem er sich angesichts der Turbulenzen des Lebens plötzlich fragt: »Was mache ich hier eigentlich? Warum ist mein Leben nur so ein Chaos? Wie kann ich das ändern?« In diesem Moment werden unsere festgefahrenen Glaubenssätze sichtbar, und wir können sie überschreiben und uns so ganz bewusst neu programmieren:

- Du hast das Recht, um Hilfe zu bitten.
- Du hast das Recht, den Umständen entsprechend dein Bestes zu geben, und das genügt.
- Betrachte deine Lage und entscheide dich dafür, dort Erfolg zu haben, wo es möglich ist.
- Sorge dafür, dass du Spaß hast. Und trau dich, Entscheidungen zu treffen, anstatt dir etwas von außen aufdrängen zu lassen.
- Kümmere dich um deine Angelegenheiten. Hör auf, andere kontrollieren und kritisieren zu wollen.

Sich von seinen Programmierungen zu lösen bedeutet, sich für die Wirklichkeit zu öffnen und das Wesentliche zu erkennen.

Die französische Schriftstellerin Christiane Singer schreibt dazu: »Unsere Vorstellungen bilden die Mauern unseres Gefängnisses. Wir leben mehr auf der Bühne unserer fixen Ideen als in der objektiven Wirklichkeit. Die Wirklichkeit hat keine Türen und Fenster. Sie ist unendlich und voll unendlicher Möglichkeiten.«

Loslassen schmerzlicher emotionaler »Restbestände«

Wie viel alten Hass, Groll und Zweifel schleppen wir täglich mit uns herum? Wenn wir diese Gefühle in uns erkennen, wird uns gleichzeitig bewusst, welch unnötige Bürde wir tragen und welch negative Auswirkungen dies auf Körper und Geist haben kann. Loslassen heißt auch, sich klarzumachen, dass wir diesen Ballast so schnell wie möglich loswerden müssen. Es hat keinen Sinn, die Vergangenheit, die wir ohnehin nicht mehr ändern können, ewig mit sich herumzutragen.

Dazu gibt es eine schöne Geschichte aus der Erzähltradition Asiens:

Zwei Mönche gingen auf Pilgerreise. Eines Tages gelangten sie an einen breiten Fluss. Eine junge Frau stand am Ufer und weinte, weil sie fürchtete, von den Fluten mitgerissen zu werden, wenn sie hinüberginge. Flehentlich bat sie die beiden Mönche, ihr zu helfen. Der junge Mönch wandte den Blick ab, denn wie sein Gefährte hatte er geschworen, niemals eine Frau zu berühren.

Der ältere Mönch hingegen nahm die junge Frau auf den Rücken und trug sie wortlos über den Fluss. Er setzte sie am anderen Ufer ab, und die beiden Mönche gingen weiter ihres Weges.

Als die beiden am Abend ihr Lager aufschlugen, begann der junge Mönch zu schimpfen und seinem älteren Gefährten Vorwürfe zu machen, weil dieser sein Gelübde gebrochen hatte. Da drehte sich der alte Mönch zu ihm um und sagte: »Ich habe diese Frau nur von einem Ufer zum anderen getragen. Doch du, mein Bruder, trägst sie noch immer mit dir!«

Erwartungen, Wünsche, falsche Vorstellungen und Vorurteile loszulassen kann schwierig sein. Doch das ist der einzige Weg zu innerem Frieden. Und es gibt zahlreiche Instrumente, die uns auf diesem Weg behilflich sein können.

Die Visualisierung ist eines davon: Hat uns jemand verletzt oder beleidigt und spüren wir immer noch Groll in uns, setzen wir uns am besten bequem hin, schließen die Augen und stellen uns vor, dass wir ein schöner Baum mit tief reichenden Wurzeln sind. In den Stamm des Baumes wurden zahlreiche Nägel geschlagen. Diese stehen für die Verletzungen, die wir im Laufe des Lebens erfahren haben.

Nun aber kommt ein alter, liebevoller Gärtner (der uns selbst symbolisiert) und fängt an, einen Nagel nach dem anderen herauszuziehen. Das Loch, das zurückbleibt, streicht er mit Wundsalbe zu. Und das macht er, bis jedes einzelne Loch verschlossen ist. Der Baum hat keine Wunden mehr. Er ist wieder in Harmonie mit sich selbst.

Der alte Gärtner geht und nimmt die Nägel mit, den Ärger, die Frustration. Und zurück bleibt nur Friede.

Wie man das Loslassen unterstützt

Hier gibt es keine Methode, keinen vorgezeichneten Pfad, der für alle passt.

Loslassen beginnt immer mit Bewusstwerdung. Zuerst müssen wir die Fesseln erkennen, die uns binden, ob es sich nun um eine übertriebene Fixierung auf materielle Dinge handelt, den Wunsch, andere nach unseren Vorstellungen zu formen, um Ängste vor der Zukunft oder die Unfähigkeit, eine Seite umzublättern im Buch des Lebens.

Auf die Bewusstwerdung folgt die Entscheidung

Ich entscheide mich dafür, ... loszulassen. (Zum Beispiel: mein Bedürfnis, alles zu kontrollieren; meine Angst vor dem Altern; meinen ständigen Wunsch nach materieller Sicherheit oder schöner Kleidung ...)

Du kannst diese Entscheidung äußerlich unterstreichen, indem du ein Objekt, an dem du hängst, symbolisch weggibst. Um den Wunsch, eine bestimmte Person in deiner Umgebung nicht mehr zu kontrollieren und loszulassen, kannst du den Namen dieser Person sowie deinen eigenen auf ein Blatt Papier schreiben, es zerschneiden und die beiden Hälften verbrennen oder in einen Fluss werfen. Sprich dazu folgende Worte: »Ich lasse mein Bedürfnis los, andere zu kontrollieren. Ich mache mich frei!«

Oder du wählst ein positives Symbol aus wie die Sonne, einen Rosenstrauß oder einen Vogel, der über einen morgenstillen See fliegt. Wann immer dich das Bedürfnis nach Kontrolle oder Kritik überkommt, wann immer Groll in dir aufsteigt, kannst du dich auf dieses Symbol konzentrieren, denn es steht für das, was du loslassen möchtest.

Auch alle Formen der Meditation unterstützen den Prozess des Loslassens, da sie den Meditierenden in die Gegenwart bringen, wo er sich auf seinen Atem konzentriert und auf seinen Körper und dessen Bewegungen achtet – wie zum Beispiel bei der Gehmeditation.

Mandalas auszumalen ist ebenfalls eine (sogenannte aktive) Form der Meditation, die sich besonders für Menschen aus dem Westen eignet, da sie keinerlei Anleitung erfordert. Man kann alleine malen oder gemeinsam in einer Gruppe. Und auch Kindern gefällt das Ausmalen, sodass immer mehr Lehrer diese Technik im Unterricht einsetzen, um die Konzentrationsfähigkeit ihrer Klassen zu fördern.

Loslassen ist die größte Herausforderung in unserem Leben, in allen Bereichen. Dabei akzeptieren wir, was war, was ist und was sein wird. Wir akzeptieren uns und andere, so wie wir sind. Wir hören auf, alles kontrollieren zu wollen, denn der Wunsch nach Kontrolle wurzelt immer in der Angst vor dem Leben.

Loslassen heißt, mitunter auch durch chaotische Phasen des Lebens zu gehen und sich auf die unendlich vielen Möglichkeiten einzulassen, die sich dadurch ergeben.

Die aktive Meditation des Mandala-Malens hilft dir dabei.

Viel Spaß beim Meditieren!

Mandalas
zum Ausmalen

Sich von altem Groll
zu verabschieden heißt:
Jemandem, der uns verletzt hat
und unser Gedächtnis bewohnt,
ohne Miete zu zahlen,
die Kündigung zu schicken.

Jemand anderen wirklich zu lieben heißt, die eigenen Erwartungen loszulassen und den anderen so zu akzeptieren, wie er ist.

Loslassen ist nicht
das Ende der Welt, sondern der
Beginn eines neuen Lebens.

Eine Beziehung loszulassen
ist manchmal die höchste Form
der Liebe.

Verzeihen heißt,
die Vergangenheit loszulassen
und einen anderen Blick
aufs Leben zu wagen.

Wahrhaft lieben heißt,
loszulassen und zu akzeptieren,
dass der andere anders ist.

Menschen haben oft Probleme,
ihr Leiden loszulassen. Sie ziehen
es dem Unbekannten vor.

Lass deine Schuld los.
Die Fehler der Vergangenheit
kannst du nicht korrigieren.
Nur im Hier und Jetzt
findest du die Wirklichkeit.

Kann ich den loslassen,
der ich bin, kann ich der werden,
der ich sein könnte?

Laotse

Ein Schiff kann nur dann
die Weiten des Ozeans kennenlernen,
wenn es den Anker lichtet
und vom Ufer ablegt.

Manche denken,
sie könnten ihre Kraft beweisen,
wenn sie sich mit aller Macht
an etwas festklammern.
Doch wahre Größe zeigt sich erst
in der Fähigkeit loszulassen.

Die Natur lehrt uns loszulassen:
Sieh nur, wie der Baum im
Herbstwind seine Blätter abwirft!

Die Fähigkeit, loszulassen
und nicht
an etwas festzuhalten,
ist die Gabe,
etwas so zu akzeptieren,
wie es ist.

Stephen Levine

Manchmal ist es
das Beste für dich,
eine Beziehung loszulassen,
die dir nicht mehr gibt,
was du brauchst.

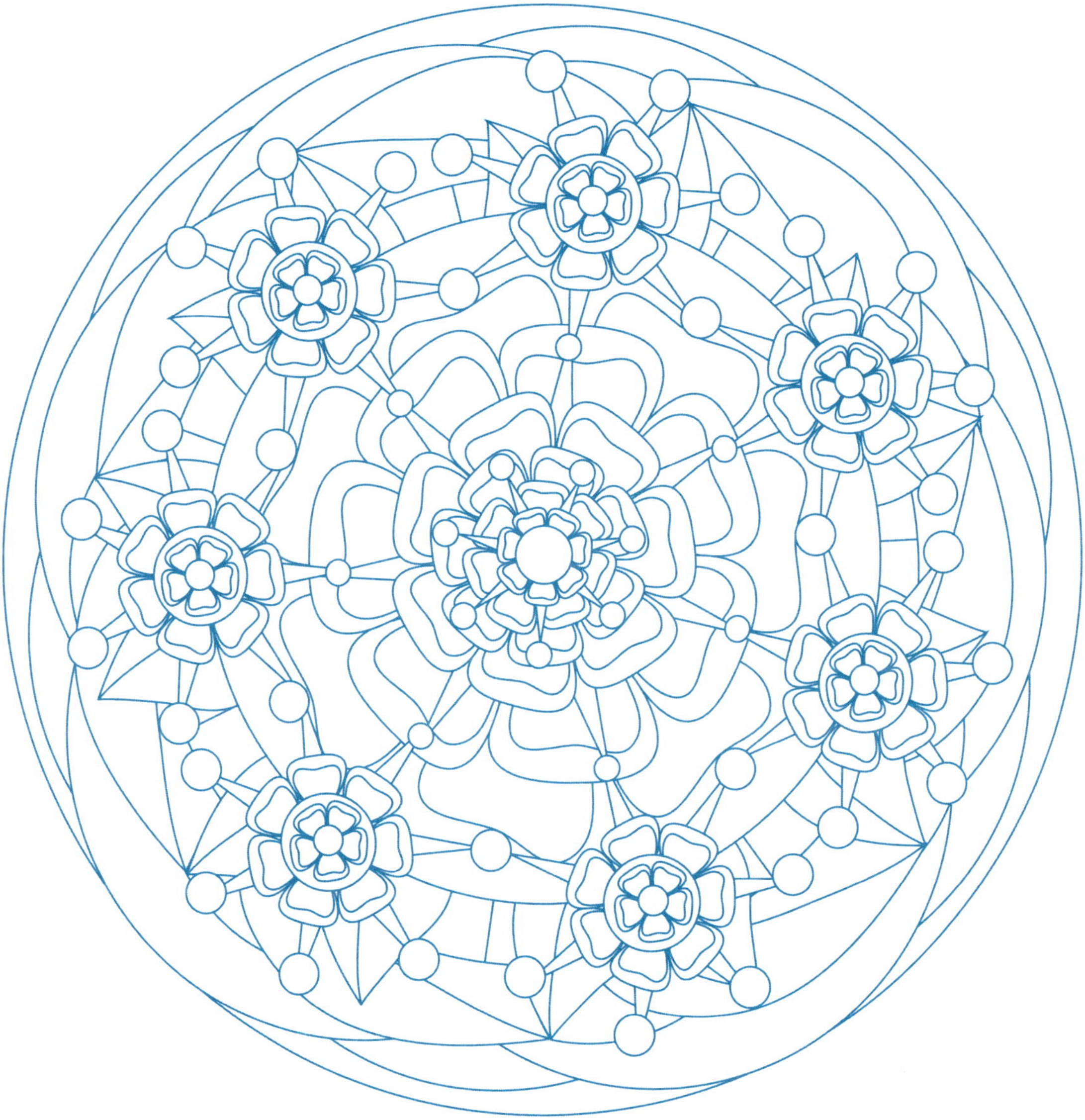

Loslassen!
Wie anders wäre doch dein Leben,
wenn du loslassen könntest,
was dich schon verlassen hat!

Steve Maraboli

Es gibt nur zwei Wege,
sein spirituelles Leben
weiterzuentwickeln und zu vertiefen:
langsam werden und loslassen.

Oriah Mountain Dreamer

Wir können
unsere Erinnerungen
nicht loslassen.
Doch wir können uns
vom Schmerz verabschieden,
der damit noch
verknüpft ist.

Wenn du loslässt, was du nicht
kontrollieren kannst,
kehrt Frieden in dein Leben ein.

Verzeihen heißt,
unnötigen Ballast abzuwerfen.

Loslassen bedeutet nicht,
den Mut zu haben,
sich von der Vergangenheit
loszusagen, sondern so weise zu sein,
in der Gegenwart zu leben.

Steve Maraboli

Wenn du deine Erwartungen
loslässt, wenn du das Leben
so annimmst, wie es ist,
dann bist du wahrhaft frei.

Spirituelles Wachstum heißt,
die Geschichten der Vergangenheit
loszulassen, damit das Universum
daraus eine neue machen kann.

Marianne Williamson

Loslassen heißt,
die eigene Ohnmacht zu akzeptieren
und uns einzugestehen,
dass das Endergebnis nicht immer
in unseren Händen liegt.

Loslassen heißt,
weniger Angst zu haben
und mehr zu lieben.

Loslassen ist wie dieser wunderbare
Moment, wenn wir im Urlaub
in unser Hotelzimmer kommen
und endlich die Koffer abstellen können:
Dann können wir die ganze Schönheit
des Augenblicks genießen.

Totem, Eternel Présent

Aus der Mitte Malen und neue Lebensfreude gewinnen

Valentina Harper
Malen für die Seele
Mandalas
ISBN 978-3-95550-115-0

Gerda & Rüdiger Maschwitz
Dem Leben neue Farbe geben
Ein Mandala-Malbuch
ISBN 978-3-95550-148-8
Ab November 2015 im Handel

Carol Omer
Soul Art
Heilende Mandalas für weibliche Kraft und Selbstvertrauen
ISBN 978-3-95803-036-7

www.trinity-kreativ.de · www.scorpio-verlag.de